DU NOM

DE

LA FEMME DIVORCÉE

OU SÉPARÉE DE CORPS

PAR

GUILLAUME POULLE

DOCTEUR EN DROIT, AVOCAT A LA COUR D'APPEL DE POITIERS

PARIS

LIBRAIRIE MARESCQ AINÉ

CHEVALIER-MARESCQ ET Cⁱᵉ, ÉDITEURS

20, RUE SOUFFLOT, 20

1887

DU NOM

DE

LA FEMME DIVORCÉE

OU SÉPARÉE DE CORPS

DU MÊME AUTEUR

Le Divorce et les lois du 27 juillet 1884 et du 18 avril 1886. In-8°.   6 fr.

La Nouvelle procédure du divorce et la Loi du 18 avril 1886
(Chapitre II du précédent ouvrage). In-8°..................... 3 fr.

EN PRÉPARATION

La Doctrine, la Jurisprudence et les Associations commerciales en
participation (Ouvrage couronné par la Faculté de droit de Douai.
Concours de doctorat de 1885-1886 : médaille d'or).

Paris. — Imp. E. Capiomont et V. Renault, rue des Poitevins, 6.

DU NOM

DE

LA FEMME DIVORCÉE

OU SÉPARÉE DE CORPS

PAR

GUILLAUME POULLE

DOCTEUR EN DROIT, AVOCAT A LA COUR D'APPEL DE POITIERS

PARIS

LIBRAIRIE MARESCQ AÎNÉ

CHEVALIER-MARESCQ ET Cⁱᵉ, ÉDITEURS

20, RUE SOUFFLOT, 20

—

1887

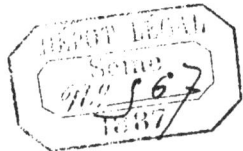

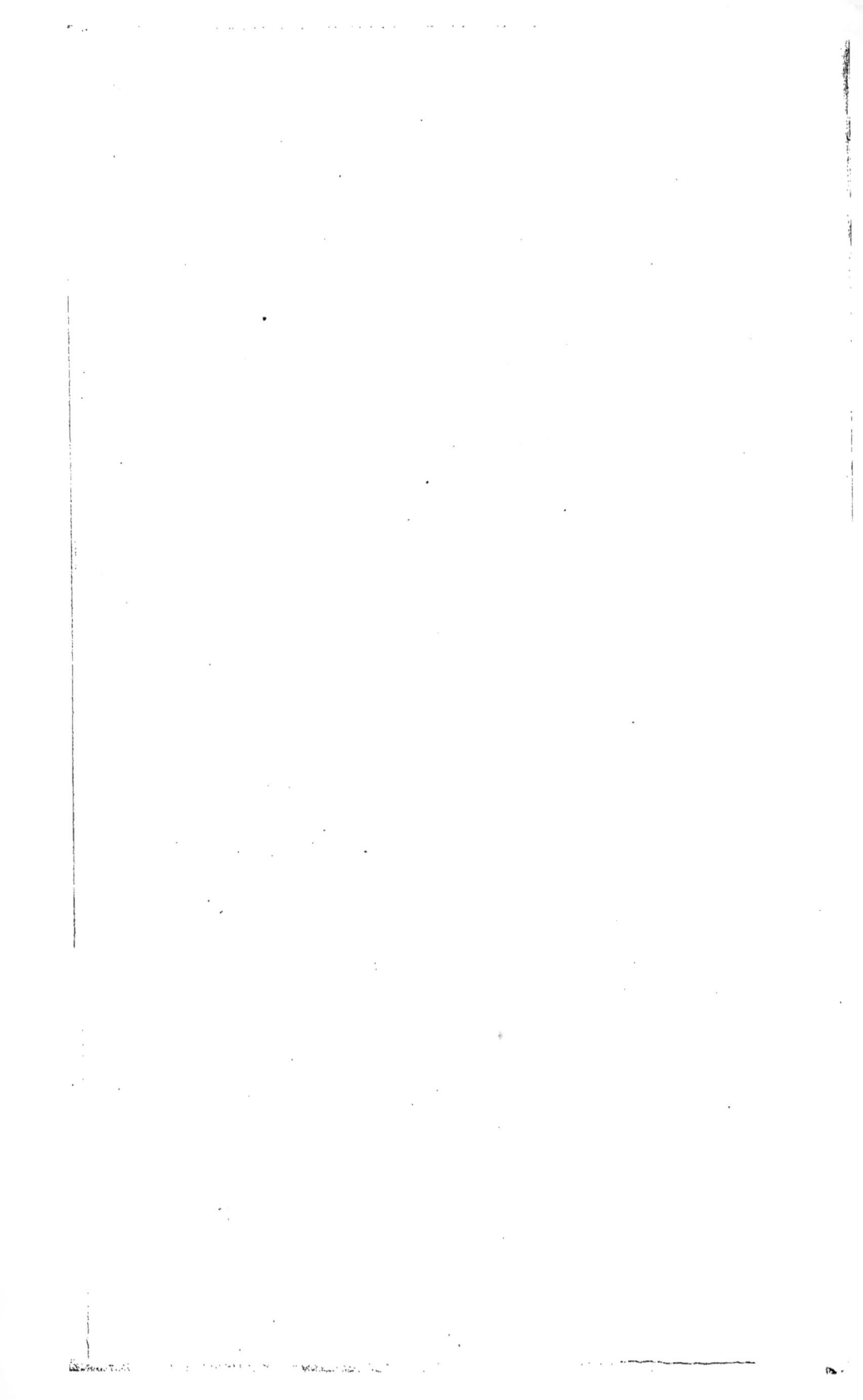

DU NOM

DE

LA FEMME DIVORCÉE

OU SÉPARÉE DE CORPS

1. *La femme divorcée perd-elle nécessairement par le divorce le droit de porter le nom de son mari?* C'est là une des questions les plus difficiles et les plus intéressantes à la fois que soulève la nouvelle législation du divorce.

Les *difficultés* que comporte cette question ont pour causes, d'une part, l'incertitude où se trouvent les auteurs sur le point de savoir si l'usage, en vertu duquel les femmes mariées portent le nom de leurs maris, a ou n'a pas le caractère d'une règle de droit, et, d'autre part, les débats qui ont eu lieu à la Chambre, lors de la discussion de la loi sur le divorce, au Sénat, lors de la discussion en première délibération du projet de loi relatif aux nullités de mariage et à la séparation de corps.

Elle est, en outre, *intéressante*, parce qu'elle est aujourd'hui toute d'actualité, le Sénat étant, en ce moment, saisi d'un projet de réforme concernant le nom de la femme divorcée ou séparée de corps et dont voici l'économie. En matière de divorce, le projet de loi déclare qu'après le divorce, chacun des époux doit reprendre l'usage exclusif de son nom; en matière de séparation de corps, le projet de loi décide qu'un pouvoir d'appréciation sera laissé aux tribunaux qui auront à examiner, d'après les circonstances de la cause, s'il y a lieu ou non d'interdire à la femme de porter le nom de son mari ou au mari de joindre à son nom celui de sa femme.

Cette double innovation qui a reçu la haute approbation, à la fois de la section de législation du Conseil d'État, d'un avis du Conseil d'État, de la commission du Sénat et des hommes de grand talent qui la composent et qu'un premier échec n'a pas découragés, double innovation qui fait partie d'un projet de réforme beaucoup plus vaste et relatif aux nullités du mariage et aux modifications à apporter à la séparation de corps (Projet de MM. Allou, Batbie, Denormandie, Jules Simon), nous paraît très critiquable. Nous aurons l'occasion d'en montrer les raisons dans cette étude.

2. C'est par suite d'un usage universellement admis que la femme mariée porte le nom de son mari, à partir du mariage, et qu'elle continue de le porter, même après que le mariage a été dissout par la mort de son conjoint; de même, c'est par suite d'un usage presque constant qu'un commerçant fait suivre son nom de celui de sa femme. (V. en ce sens, Poitiers, 8 décembre 1863. S. 64. 2.50 et P. 1864. 439; Poitiers, 2 juin 1863. S. 65. 1. 121).

C'est ce que reconnaissait M. le garde des sceaux Brisson, à la séance du Sénat du 13 juin 1885. (*Officiel* du 14 juin, p. 679). « On ne rencontre, dans notre légis-« lation, disait-il, aucune disposition qui oblige ni pen-« dant le mariage, ni après, la femme à porter le nom « de son mari. Vous avez d'abord des usages sociaux, « puis des nécessités légales qui font, d'une part, que la

« femme reçoit le nom de son mari dans le monde, et de
« l'autre, que, dans certains actes, l'on rappelle forcé-
« ment qu'elle est mariée à monsieur un tel, qu'elle en
« est veuve ou qu'elle est séparée de lui, ou qu'elle a
« divorcée. Voilà tout ce que vous rencontrez, non pas
« dans la législation actuelle, mais dans nos habitudes. »

« Ni le Code civil, disait M. Paris, à la séance du
« 17 juin 1885 (*Officiel* du 18 juin. p. 704), ni aucune
« autre de nos lois, n'impose à la femme l'obligation de
« prendre durant le mariage le nom du mari. Dans ses
« relations de société, elle adopte ce nom par suite d'un
« usage universel et de mœurs constantes. Dans les
« actes de la vie civile, lorsqu'elle comparaît soit devant
« un officier de l'état civil, soit devant un officier minis-
« tériel, elle énonce sa qualité de femme mariée, et, par
« conséquent, elle ajoute à son nom le nom de son mari ;
« mais elle ne supprime pas son nom de famille, son
« nom patronymique, pour lui substituer simplement le
« nom de celui qu'elle a épousé. »

M. Batbie le reconnaissait également, à la même
séance, et dans des termes non moins formels. (*Officiel*,
loc. cit., p. 704.)

3. *Mais, cet usage a-t-il le caractère d'une règle de
droit?* Les auteurs, nous l'avons déjà dit, sont loin d'être
d'accord sur ce point. Les uns, qui se prononcent pour
l'affirmative, invoquent l'autorité de Pothier (Contrat de
mar., n. 401. — *Adde*, Fuzier-Herman, Journ. *La loi* du
25 mars 1885 et Code civ. annoté, art. 544, n. 85 ; Paris,
18 juillet 1877. S. 78. 2. 241 et P. 1878. 993). D'autres
auteurs, partisans d'un second système, plus juridique à
notre avis, se prononcent pour la négative. La loi étant
muette sur ce point, et aucun texte ne pouvant être

invoqué par les partisans du premier système, il faut bien admettre que l'opinion de Pothier, quelque respectable soit-elle, ne peut cependant pas remplacer ce texte qui fait défaut. La loi du 6 fructidor an II qui décide *qu'aucun citoyen ne peut porter de nom, ni de prénoms autres que ceux indiqués dans son acte de naissance*, et la loi du 11 germinal an XI relative aux prénoms et aux changements de noms, les seules lois qui régissent actuellement la matière des noms propres, ne sont pas de nature à contredire d'une façon très catégorique et victorieusement le système de la négative. Le Code civil qui est muet sur ce point ne peut pas non plus être invoqué contre nous. Et, au contraire, l'article 347 du Code civil qui dit que l'adopté joint à son nom celui de l'adoptant, de plein droit, et sans qu'il soit besoin d'une autorisation, montre bien qu'un texte formel serait également nécessaire pour donner le droit à la femme, non plus seulement d'ajouter son nom à celui de son mari, mais de prendre le nom de ce dernier, en le substituant au sien. Ce texte n'existant pas, comment suppléer à ce silence de la loi et donner arbitrairement le caractère d'une règle de droit à un simple usage, tout à fait incertain et qui n'est même pas uniforme dans toute la France, puisque, ainsi que le fait remarquer M. Carpentier (Traité théor. et prat. du div., p. 267 et s.), dans certaines régions, la femme se contente de substituer à son nom celui de son mari, tandis que dans d'autres, le mari joint à son propre nom celui de sa femme.

4. Notre manière de voir trouve encore sa confirmation dans un arrêt de la Cour de la Martinique, où se trouve l'attendu suivant : « *Attendu que, par le mariage, les « femmes ne cessent pas de faire partie de la famille dont*

« *elles sont issues; que si elles se voient substituer le nom*
« *de leur mari à celui de leur famille, cela n'a lieu que*
« *pour les actes de la vie commune et non pour les actes*
« *qui intéressent leur état civil et même leurs pro-*
« *priétés...* » (Sic : 16 mars 1841. S. 41. I. 532 ; Bugnet
sur Pothier, n. 401, note ; Baudry-Lacantinerie, *Du Div.*,
n. 106 ; Carpentier, n. 329, p. 267 et s.; G. Poulle, *Le Div.*
et les lois du 27 juillet 1884 et du 18 avril 1886, p. 225
et s.; Botton et Lebon, p. 119). — Un arrêt a dit encore
très justement, que la famille, dans l'ordre social, n'étant
légalement constituée que par l'institution du mariage,
le nom de famille est une propriété dont on ne peut
jouir *qu'en vertu de la filiation.* (V. Douai, 26 décembre
1835. D. V° nom, prénoms, note, n. 15). — La longue
possession d'un nom, dit également un arrêt de la Cour
de Nîmes (15 décembre 1810. D., *loc. cit.*, n. 46-2°), ne
saurait être considérée comme faisant acquérir le nom.
Les enfants ne peuvent donc ajouter à leur nom paternel
celui de leur mère, bien que, suivant un usage local,
leur père ait toujours joint ce nom au sien, car cet usage
ne constitue pas une possession suffisante pour établir la
propriété.

5. Les débats qui ont eu lieu à la Chambre des députés
ne contredisent nullement notre opinion, et, il suffit,
pour n'éprouver aucun doute sur ce point, de se reporter
aux discussions très intéressantes dont cette question y
fut l'objet.

M. de la Rochefoucauld-Bisaccia, à la séance du
15 juin 1882 (*Officiel* du 16 juin, Chambre) proposa
l'amendement suivant : « La femme divorcée ne pourra,
« à dater de la prononciation du divorce, dans les formes
« prescrites par l'article 294, porter le nom de son ancien

« mari » ; — après lui, à la séance du 17 juin 1882
(*Officiel* du 18 juin), MM. de Douville-Maillefeu et
Lepère proposèrent un texte conçu dans le même esprit,
mais spécial à la femme contre laquelle le divorce serait
prononcé. « Lorsque le divorce, disait cet amendement,
« est prononcé contre la femme, elle n'a pas le droit de
« continuer à porter le nom de son mari. » Ces amendements furent ou retirés par leurs auteurs, ou repoussés
par la Chambre, qui, sur les observations de MM. Léon
Renault et Gatineau, refusa de résoudre la question par
un texte formel. C'était sagement agir, suivant nous. Le
remède proposé était, en effet, pire que le mal. Un texte
formel sur ce point serait inutile et dangereux, car la
question qui nous occupe est une question qui doit être
réglée, non par une loi, mais par les mœurs et par
l'usage.

6. Il n'est pas certain, en effet, ainsi que nous l'avons
vu, que le mariage fasse acquérir à la femme le nom de
son mari. A quoi servirait alors de dire que la femme doit
perdre par le divorce un nom qu'elle n'a pas acquis ? Puis,
pour qu'un Tribunal puisse dire à un plaideur qu'il ne fera
pas telle chose, ne faut-il pas que ce plaideur ait eu, avant
le procès qui s'agite, le droit de faire cette chose ? C'est
ce que constatait très justement M. Paris (*Officiel* du
18 juin 1885, p. 704). « Les Tribunaux, disait-il, chargés
« d'appliquer la loi, ne doivent autoriser une personne
« par voie d'exception, à ne pas faire que lorsque, en
« règle générale, un texte formel l'oblige à faire. Or ni
« le code civil, ni aucune autre de nos lois n'impose à la
« femme l'obligation de prendre durant le mariage le nom
« du mari..... Si donc aucune injonction ne lui est impo-
« sée par la loi, durant le mariage et lorsque la vie

« commune existe à l'état normal entre les époux, n'est-
« il pas inutile de modifier l'article 311 C. civ. pour auto-
« riser les tribunaux, par le jugement qui prononcera la
« séparation de corps, à dispenser la femme de porter
« désormais un nom abhorré ? Avant la séparation, la
« femme obéissait à l'usage et aux conventions en portant
« le nom du mari. *Si elle trouve, une fois séparée, que sa*
« *dignité, peut-être compromise par la conservation d'un*
« *nom souillé, elle reprendra librement son nom patrony-*
« *mique ; elle usera de son droit.* »

7. Les principes généraux doivent donc suffire, en
notre matière, parce qu'il est incontestable, *en droit,* en
se plaçant à un point de vue strict, que l'anéantissement
du mariage doit être, en même temps, l'anéantissement
de tout ce qui a été commun entre l'homme et la femme.
Si la femme doit prendre, en se mariant, le nom de son
mari, et nous l'admettons un moment pour les besoins
de la discussion, s'il n'y en a pas dans ce fait qu'un
simple usage, mais si, au contraire, c'est là la conséquence d'une véritable règle de droit, comment ne pas
être obligé d'admettre fatalement et nécessairement, que
le divorce doit entraîner et entraîne effectivement pour
la femme la perte du nom du mari qu'elle n'a acquis que
par le mariage ? En droit, même en adoptant le système
de l'affirmative, il serait donc inutile que le législateur
constatât ces conséquences de la rupture du lien conjugal,
puisque ces conséquences de la rupture du mariage, et
notamment la perte pour la femme du nom du mari,
s'imposeront toujours avec une force invincible et par
suite d'une nécessité inéluctable.

8. Mais, dit-on, la communauté de nom ne se comprend
que par la communauté de vie et d'honneur, et par con-

séquent, l'époux innocent a intérêt à ne pas voir celle
qui a été son épouse, continuer de porter son nom et de
le déshonorer, après le divorce, par les mêmes écarts de
conduite, et par les mêmes scandales qui ont provoqué
et nécessité la rupture du lien conjugal. Ce raisonnement
est exact, mais il ne faut pas oublier que l'ex-mari n'est
pas désarmé aujourd'hui, et il le sera d'autant moins qu'on
admettra avec nous que la femme n'a porté et ne porte
le nom de son mari, pendant le mariage, que par suite
d'un usage universellement admis. Les lois du 6 fructidor
an II, et du 11 germinal an XI, sont suffisantes pour
protéger l'ex-mari, puisqu'une action civile est ouverte
au profit de ceux qui veulent revendiquer leur nom
usurpé par les tiers. Or, après le divorce, la femme n'est
plus pour le mari qu'un tiers. Un texte spécial serait donc
inutile pour empêcher la femme de continuer à déshonorer le nom de son ex-mari, puisque le mari, trouvera,
dans les règles du droit commun, une action en cas
d'usurpation de son nom, et dans l'éventualité de dommages-intérêts une sauvegarde suffisante, et puisque
chacun des époux conserve la propriété exclusive de son
nom, chaque citoyen, d'après la loi du 6 Fructidor an II,
confirmée par l'article 57 C. civ., ne pouvant porter de
nom ni de prénoms autres que ceux indiqués dans son
acte de naissance.

En outre, il ne faut pas oublier qu'aujourd'hui, alors
qu'il n'y a pas de texte formel, la femme ne peut prendre,
dans les actes juridiques, d'autre nom que le sien, et cela
sous peine de commettre un délit. « Le mariage, écrit
« M. Baudry-Lacantinerie, (Div. p. 60) ne fait pas acquérir
« à la femme le nom de son mari ; un texte serait néces-
« saire pour cela et il n'en existe pas. Légalement la

« femme mariée conserve donc son nom de famille ; par
« conséquent, c'est sous ce nom qu'elle doit être désignée
« dans les divers actes publics ou sous-seing privé
« auxquels elle figure, et c'est aussi de ce nom qu'elle
« doit signer ces actes, en y ajoutant, si elle le veut, la
« qualification *d'épouse* de M. N... Dans les actes qu'ils
« dressent, les notaires tiennent fermement la main
« à l'observation de cette prescription. La situation de la
« femme reste la même, au point de vue du nom, après
« la mort de son mari ou après le divorce prononcé, à
« cette différence près, que si, dans les actes publics ou
« privés, elle veut, soit au corps de l'acte, soit dans sa
« signature, faire suivre son nom de celui de son mari
« décédé ou divorcé, elle devra mettre : *veuve* de M. N...
« dans le premier cas, et *épouse divorcée* de M. N... dans
« deuxième. » — « La femme, avons-nous écrit aussi.
« (*op. cit.* p. 226) conserve, à notre avis, son nom de
« famille ; c'est sous ce nom qu'elle est désignée dans
« les actes publics ou sous-seing privé, de même que
« c'est de ce nom qu'elle signe ces actes. »

9. Aussi, et pour ces raisons que nous venons d'exposer,
ne saurions-nous admettre la proposition dont le Sénat
est saisi actuellement pour la seconde fois, et dont nous
avons déjà parlé (V. *Doc. parlem.*, Sénat, Rapp. supplé-
men., Annexe n. 21, p. 376 et s.). Cette proposition
complète les articles 299 et 311 du Code civil, ainsi qu'il
suit : *Article* 299. « Par l'effet du divorce chacun des
« époux reprend l'usage exclusif de son nom. » *Article*
311. « Le jugement qui prononce la séparation de corps
« ou un jugement postérieur peut interdire à la femme
« de porter le nom de son mari ou au mari de joindre à
« son nom celui de sa femme. »

10. Et en effet, en ce qui concerne la modification de l'article 299 du C. civ., de deux choses l'une : ou la femme acquiert le nom du mari de plein droit par le mariage, et alors il est inutile qu'un texte vienne dire que par l'effet du divorce chacun des époux reprend l'usage exclusif de son nom, puisque cette conséquence du divorce s'impose de plein droit, l'anéantissement du mariage devant être l'anéantissement de tout ce qui a été commun entre les deux époux ; — ou la femme ne prend le nom du mari que par suite d'un usage qui n'a pas la force d'une règle de droit, et alors il est encore inutile de légiférer en face d'un simple usage qu'un usage contraire peut faire disparaître. « S'il s'agit simplement des usages sociaux, disait « aussi M. Brisson (*Officiel* du 14 juin 1885, v. Sénat, « page 679), vous n'aller pas légiférer, je pense, *sur des* « *questions de cartes de visite ;* vous n'empêcherez ni par « des dispositions de loi, ni par des prescriptions judi- « ciaires, d'appeler une femme du nom de son mari, « même lorsqu'elle s'en sera séparée, même lorsqu'elle « aura divorcé. Et puisque je prononce ce mot de « divorce, je crois que l'honorable M. Allou s'est mépris « sur ce qui s'est passé à la Chambre des députés lorsque « cette question du nom y a été posée. Comme l'indi- « quait tout à l'heure par une interruption l'honorable « M. de Marcère, rapporteur, lors de la première délibé- « ration de la Chambre, l'interdiction de porter le nom a « été écartée et l'amendement qui formulait cette demande « a été repoussé uniquement parce qu'elle était inutile « et qu'il demeurait sans portée. Et en effet, si je passe « des usages sociaux aux rédactions qui sont nécessaires « dans certains actes, il est certain que malgré ce que « vous avez mis dans la loi, malgré les prescriptions que

« vous aurez édictées, on sera toujours obligé d'énoncer
« que mademoiselle une telle a été l'épouse de monsieur
« un tel, qu'elle s'est séparée de lui ou qu'elle a
« divorcé. »

11. La modification de l'article 311 C. civ. est inadmissible à un plus haut degré encore, parce qu'elle est contraire à tous les principes admis en matière de séparation de corps. Comment, alors que les deux conjoints sont unis par les liens du mariage, alors que ces liens existent avec toutes leurs conséquences strictes et rigoureuses, avec les droits et les devoirs que comporte l'union conjugale, alors qu'il y a encore entre cet homme et cette femme *communauté d'intérêt* puisque les liens successoraux ne sont pas rompus, *communauté d'honneur* puisque le devoir de fidélité est conservé, et jusqu'à un certain point de vue *communauté de vie* puisque les devoirs de secours et d'assistance s'imposent toujours, comment la loi, et après elle les tribunaux, pourraient-ils logiquement défendre à la femme de porter un nom qui est celui que portent son mari et ses enfants ?

12. Puis, soit dans les actes notariés, soit quand il s'agira pour la femme séparée de contracter ou d'ester en justice, est-ce que, malgré cette défense de la loi, il ne sera pas indispensable de déclarer formellement, sans ambiguïté, que mademoiselle une telle est l'épouse de monsieur un tel, et qu'elle s'est séparée de lui ? « Or si vous
« dissimulez cette situation, disait M. Faye au Sénat, si
« dans l'énonciation de la qualité, vous supprimez la
« partie essentielle « femme de monsieur un tel » les
« tiers pourront croire qu'ils peuvent contracter avec
« une personne qui n'a jamais été engagée dans les liens
« du mariage ; par conséquent, il faut arriver à en con-

« clure que, toutes les fois qu'on sera obligé de recourir
« à un moyen de publicité, il faudra pour que cette
« publicité soit efficace, pour qu'elle rentre non seule-
« ment dans l'esprit, mais encore dans la lettre de la loi,
« que les indications soient de telle nature que les tiers
« ne puissent pas être trompés sur les qualités de la
« personne avec laquelle ils traitent. Je pense dès lors
« que la rédaction de la commission, en sa forme actuelle
« doit être écartée par le Sénat. » C'est ce que M. le
garde des sceaux Brisson disait également, en termes non
moins formels (V. *supra.*, n. 10).

13. Comment, ajouterons-nous, dans de semblables
conditions, alors que défense aura été faite à la femme
séparée de porter le nom de son mari, pouvoir espérer
un rapprochement des époux, le pardon des injures qui
ont provoqué et nécessité la séparation de corps, le
retour à la foi conjugale et à la vie commune ?

14. Mais, déclare M. Flourens, dans le rapport qu'il a
adressé à la Commission du Sénat, au nom de la section
de législation du Conseil d'État dont il était alors Président, « l'intervention du législateur est nécessaire pour
« donner au mari la possibilité d'empêcher la femme de
« continuer à le déshonorer après le divorce, et la sépa-
« ration de corps, pour permettre à la femme de sauve-
« garder sa considération compromise par la juxtaposition
« de son nom. »

A notre avis, il est absolument inexact qu'une
intervention du législateur soit nécessaire pour protéger
le mari. Et pourquoi ? Justement, ainsi que nous
l'avons déjà montré, parce que ce texte, qu'on veut créer
pour protéger le mari ou la femme, après le divorce ou la
séparation, existant déjà, un nouveau texte serait inutile.

M. Flourens veut un texte formel, pour donner au mari
ou à la femme dans l'éventualité de dommages-intérêts
une sauvegarde effective ; mais cette sauvegarde existe
déjà dans l'action que la loi donne à ceux « qui veulent,
« ainsi que le reconnaît M. Flourens lui-même, revendi-
« quer leur nom usurpé par des tiers et défendre cette
« propriété d'un genre particulier » ; elle se trouve encore
dans cette législation française, dont l'existence n'est
pas davantage méconnue par l'honorable M. Flourens,
d'après laquelle « nul n'a d'autre nom que celui qui est
« assigné dans son acte de naissance », et d'après laquelle
également « nul ne peut changer ce nom, soit par voie de
« substitution, soit par voie d'addition, qu'en vertu d'un
« décret rendu dans la forme de règlements d'administra-
« tion publique » (V. Rapp. suppl. Sénat, Doc. parl. *loc. cit.*)
Il y a, nous semble-t-il, contradiction à reconnaître l'existence d'une législation aussi complète et aussi protectrice,
et à demander l'introduction dans nos lois de textes
nouveaux qui ne pourraient protéger le mari ou la femme
divorcés ou séparés autrement ou plus efficacement qu'ils
ne le sont par la législation actuelle. (Consulter, Seine,
15 février et 30 mars 1882. S. 84. 2. 21 ; Rennes, 20
avril 1880. S. 81 2. 30 et Cass. 2 février 1881. S. 82.
1. 115 ; Lyon, 8 janvier 1881. S. 83. 2. 80 ; Paris, 20
juillet 1879. S. 80. 2. 203.)

15. *En fait*, l'existence d'un texte formel serait de
nature à entraîner de véritables difficultés et à créer souvent de graves injustices. Il existe, en effet, ainsi que
nous l'avons écrit (*op. cit.*, p. 225 et s.), un grand
nombre de fonds de commerce, qui tout en portant le
nom du mari, ont été créés par l'intelligence et par le travail de la femme. Or partout le nom commercial est d'une

2

grande importance ; il est partie intégrante du fonds de
commerce. S'il arrive, après le divorce, que la liquidation
donne ce fonds de commerce à la femme pour la couvrir
de ses reprises, il va donc falloir que la femme supprime
de suite le nom du mari. Mais qui ne voit que le fonds de
commerce va se trouver déprécié, s'il est défendu à la
femme de laisser à cette industrie le nom de son mari.
Il y aurait là une grande injustice. « Comment, s'écriait
« M. Lepère (V. Chambre, séances des 15 et 17 juin 1882),
« voici une femme au profit de laquelle le tribunal a pro-
« noncé le divorce en lui donnant la garde des enfants; bien
« plus, elle administrait jusqu'à ce jour un fonds de com-
« merce sous le nom du mari et vous lui imposez de changer
« sa raison sociale, ce qui sera toujours une perte, souvent
« la ruine.»—« Supposez, ajoutait très justement M. Ga-
« tineau, que la liquidation qui suivra le divorce attri-
« bue le fonds de commerce dont le nom commercial, partie
« intégrante de ce fonds de commerce, est le nom du
« du mari, supposez que ce fonds de commerce soit
« attribué à la femme pour la couvrir de ses reprises, il
« faudra donc qu'elle supprime ce nom? Mais avec votre
« loi, qui n'a fait aucune distinction, qui, je le reconnais,
« ne pouvait en faire aucune, le nom sera supprimé et le
« fonds de commerce, dont la valeur pouvait être consi-
« dérable, et qui aura été attribué à la femme, le jour où
« il n'aura plus le nom du mari pour enseigne, perdra
« une grande partie de sa valeur. *Supposez que vous ne*
« *votiez pas l'amendement, vous resterez dans ce que j'apel-*
« *lerai la nature même des choses. La femme garde son nom*
« *dans la société, que toutes vos lois ne l'empêcheront pas*
« *de garder; elle ne pourra pas s'en servir dans les actes*
« *authentiques qu'elle le veuille ou qu'elle ne le veuille pas;*

« *parce que, si elle se servait de ce nom dans les actes authen-*
« *tiques, cela pourrait être considéré comme une manœuvre*
« *frauduleuse, et engagerait gravement sa responsabilité ;*
« *les notaires d'ailleurs y veilleront. En ce qui touche la*
« *raison commerciale des fonds de commerce, le nom sub-*
« *sistera quand le juge déterminé par les circonstances,*
« *n'aura pas décidé le contraire.* Par les amendements,
« vous lui ôtez cette discrétion qui est dans ses attribu-
« tions ; par ces amendements introduits trop incidemment
« dans la loi, vous créez la matière des noms propres qui
« n'a été réglée par aucune loi complète. » (V. en sens
cont., Pand. franc., 1886. 2. 179 et s., une note de M.
Bouilly).

16. Cette solution qu'indiquait M. Gatineau est la seule
vraie, parce qu'elle est la seule qui soit pratique, et nous
ne pensons pas qu'il serait juste de faire une distinction
entre l'épouse coupable et l'épouse innocente, ainsi que
le voulaient MM. Lepère et de Douville-Maillefeu dans
leur amendement. Les mêmes raisons commandent les
mêmes conséquences et l'application des mêmes principes
que la femme obtienne le divorce ou qu'il soit prononcé
contre elle. Dans les deux cas, il faut laisser au juge le
soin de décider, en tenant compte des circonstances et
des faits de la cause ; la jurisprudence peut seule appré-
cier utilement et sainement toutes ces circonstances et
toutes ces nuances. « On propose déjà notamment, écrit
« M. Carpentier (*op. cit.*, p. 268, 269, n. 329), de distin-
« guer entre l'époux coupable et l'époux innocent. Mais
« n'est-ce pas encore beaucoup trop général ? Dans le
« cas de propriété d'un nom commercial, où la commer-
« cialisation (qu'on nous passe l'expression) est comme
« une transformation du nom primitif, de quel droit

« priverait-on l'époux, si coupable qu'il fût, d'un bien
« qu'il a fait sien par son travail? La jurisprudence peut
« seule tenir compte de toutes ces nuances. » (Comp.,
Sirey, 1886. 2. 119 et la note ; Laurent, Dr. civ., III, p.
329, n. 287 ; Massé et Vergé, I, p. 269 et 147 ; Baudry-
Lacantinerie, *loc. cit.* ; Coulon, Faivre et Jacob, p. 329;
Goirand, p. 192 ; Vraye et Gode, page 819, art. 295, n.
4 ; *loc. cit.* ; Fuzier-Herman, Code civ. annoté, art. 295,
n. 5 et 6, Appendice ; G. Poulle, le Div. et les lois du 27
juillet 1884 et du 18 avril 1886, *loc. cit.* ; Botton et Lebon,
p. 116 et s., n. 4 ; Fremont, n. 846 et s.)

17. Tous ces principes se trouvent nettement mis en
lumière dans deux décisions judiciaires rendues par les
tribunaux civils de Lyon et de Toulouse, et notamment
par le jugement du tribunal civil de Toulouse (V. 4 mars
et du 18 mai 1886 S. 86. 2. 119 et Pand. franc., 1886. 2.
179). «.... Attendu, dit le tribunal de Lyon, que le divorce
« entraîne la suppression de tout ce qu'il y a de commun
« entre les époux, même du nom ; d'où il suit que la
« femme doit quitter le nom de son mari, pour ne plus
« user que de son nom à elle ; — que c'est là une règle
« générale qui doit s'appliquer, sans que le jugement
« admettant le divorce ait à statuer de ce chef pour faire
« défense à la femme de conserver le nom de son mari,
« mais que rien ne s'oppose à ce que ce jugement contienne
« à cet égard une disposition spéciale, puisque cette dis-
« position n'est que l'affirmation d'un principe incontes-
« table ; — Par ces motifs ;.... fait défense à la femme
« George de porter le nom de son mari à dater du jour de
« la prononciation du divorce devant l'officier de l'état
« civil.... »

18. « Attendu, proclame le Tribunal de Toulouse, que

« la femme ne perd point virtuellement par le divorce le
« droit de porter le nom de son ancien époux ; que, d'une
« d'une part, en effet, aucune disposition de loi ne lui
« interdit ce droit, et que, d'autre part, la discussion à
« laquelle a donné lieu devant les Chambres l'examen de
« cette question démontre qu'après en avoir considéré
« les divers aspects, *le législateur a préféré s'abstenir de*
« *donner sur ce point une solution de principe, et s'en*
« *remettre, par cela même, à la prudence des Tribunaux ;*
« — attendu d'ailleurs, qu'il serait difficile à cet égard
« de poser une règle absolue ; que, si le divorce brise
« définitivement pour l'avenir l'union conjugale, il ne
« saurait au même degré en effacer les traces dans le
« passé ; qu'il y aurait certainement injustice, dans bien
« des cas, à ne pas condamner la femme divorcée à se
« dépouiller d'un nom honorable que le mariage lui avait
« donné, et dont elle s'est montrée indigne ; mais que,
« par la raison inverse, il serait souvent excessif, lorsque
« c'est à sa requête que le divorce est intervenu, de la
« priver du nom qu'elle a toujours respecté, sous lequel
« elle est connue depuis de longues années et qui est
« celui de ses enfants ; que de plus, la femme peut avoir
« acquis, indépendamment du mariage lui-même, au
« moyen de son art ou de son industrie, des droits à la
« copropriété de ce nom ; qu'il convient donc, dans le
« silence de la loi de statuer en cette matière d'après les
« circonstances particulières de la cause ; — Attendu
« que les mêmes raisons de décider s'appliquent, avec
« plus de force encore, au pseudonyme du mari, dont la
« femme a eu la possession pendant le mariage, l'appro-
« priation d'un pseudonyme créant au profit de celui qui
« l'invoque, en dehors du cas de concurrence déloyale,

« des droits plus certains que la propriété du nom patro-
« nymique ; — Attendu, en fait, que si Jean-Vital Jamme
« était connu au théâtre sous le pseudonyme d'Ismaël,
« lorsqu'il a contracté mariage avec la dame Anaïs-
« Hortense Cœuriot, et si c'est à la suite de ce mariage
« que cette dernière a pris également le nom d'Ismaël, il
« n'est pas moins certain que, depuis lors, ladite dame a
« personnellement acquis de son côté, par ses succès au
« théâtre, une notoriété artistique sous le même nom, et
« que ce serait lui occasionner un grave préjudice que de
« lui faire défense de le porter désormais ; qu'il y a lieu,
« d'autant moins, dans l'espèce, de prononcer à son détri-
« ment une semblable prohibition, que le jugement,
« converti plus tard en jugement de divorce, qui a pro-
« noncé la séparation de corps des époux Jamme, dits
« Ismaël, a été rendu au profit de la dame Ismaël contre
« son mari ; — Attendu, d'un autre côté, que l'intérêt de
« la nouvelle épouse du demandeur ne serait point
« suffisant pour justifier, à l'encontre de l'épouse divor-
« cée, la mesure dont s'agit, mais qu'au surplus, cet
« intérêt fait défaut, les emplois artistiques que les deux
« dames Ismaël remplissent au théâtre étant différents,
« et, en outre, la nouvelle épouse se faisant désigner
« sous le nom d'Ismaël-Garcin ; — Par ces motifs,
« rejette les conclusions prises contre la dame Cœuriot,
« son épouse divorcée, par Jamme, dit Ismaël, etc... »

19. *Concluons* donc :

1° Que le divorce entraine, en principe, la suppression
complète de tout ce qu'il y a de commun entre les époux,
même du nom ;

2° Que le jugement peut contenir, à cet égard, une

disposition spéciale, cette disposition n'étant que l'affirmation d'un principe incontestable ;

3° Qu'aucune disposition n'interdisant à la femme divorcée le droit de porter le nom de son ancien époux, et le législateur s'en étant rapporté à la prudence des tribunaux, ceux-ci peuvent, d'après les circonstances particulières de la cause, déclarer que la femme a, au moyen de son art ou de son industrie, acquis des droits à la copropriété de ce nom, et lui permettre de conserver le nom ou le pseudonyme du mari ;

4° Que notre manière de voir et de décider est équitable, en même temps qu'elle ne présente pas d'inconvénients. Et en effet, de deux choses l'une : ou le divorce est prononcé *à la requête de la femme et à son profit*, et alors la femme se hâtera de quitter le nom déshonoré de son mari : elle ne le gardera exceptionnellement que pour ne pas éprouver un préjudice. L'existence d'un texte formel lui enlevant ce droit serait dangereuse : il serait injuste et illogique que les torts du mari qui ont nécessité la rupture de l'union conjugale pussent être ensuite invoqués par lui pour causer un préjudice à la femme, et pour lui permettre de tirer par ce moyen comme une sorte de vengeance du divorce prononcé à la requête de celle-ci ; — ou le divorce est prononcé *contre la femme et au profit du mari*, et alors toujours, sur la demande qui en sera faite par le mari, le tribunal fera défense à la femme de porter le nom de son mari. Mais, même dans ce cas, il faut laisser sur ce point un pouvoir complet d'appréciation au Tribunal, parce que si le nom du mari se trouve attaché à un fonds de commerce, par exemple, rendu prospère par l'intelligence de la femme, il serait encore injuste de le priver d'un bien qu'elle a fait sien par son travail. Puis, en atteignant la femme, il serait à craindre qu'on n'allât pas seulement contre l'intérêt de la femme, mais aussi contre celui des enfants.

5° Qu'il serait peu juridique, mais au contraire inutile et dangereux de laisser aux tribunaux le pouvoir de déclarer que la femme séparée de corps devra cesser de porter le nom de son mari. *Peu juridique*, car, par la séparation de corps, le lien conjugal n'est que relâché ; l'impossibilité où se trouverait la femme de porter le nom du mari, pourrait laisser supposer aux tiers que le lien conjugal est rompu : ce serait donc aller, à ce premier point de vue, contre la réalité même des choses et contre les principes qui régissent la séparation de corps et qui dominent toute cette matière ; — *inutile*, car la femme mariée conservant légalement son nom de famille, on ne peut lui faire utilement défense de porter un nom qu'elle n'a pas acquis; — *dangereux*, car si la femme peut contracter valablement, sans être tenue d'indiquer sa position de femme séparée de corps, les tiers pourront se trouver lésés.

20. La véritable solution à cette question du nom ne peut donc pas se trouver *dans un texte de loi, mais seulement, en ce qui concerne la femme divorcée, d'une part, dans le droit que possède actuellement le mari de demander aux tribunaux de faire défense à sa femme de continuer à porter son nom ; d'autre part, dans la complète liberté laissée aux tribunaux pour accueillir ou pour repousser cette demande; en ce qui concerne la femme séparée de corps, dans l'application pure et simple des règles du droit commun.*

Il y a là, avant tout, et il ne faut pas l'oublier, *une*

question de mœurs, non une question de législation. Toute autre solution serait mauvaise, à notre avis, parce qu'elle serait dangereuse, inutile et sans portée, et parce que le remède contenu dans un texte formel serait pire que le mal.

ANNEXE

Proposition de loi (Doc. parl., Sénat. Annexe n⁰ 21, p. 376 et suiv.).

ARTICLE PREMIER. — L'article 108 du Code civil est complété qu'il ainsi suit :

« La femme séparée de corps cesse d'avoir pour domicile légal le domicile de son mari. Néanmoins, toute signification faite à la femme devra être également adressée au mari, à peine de nullité. »

ART. 2 — L'article 299 du code civil est complété ainsi qu'il suit :

« *Par l'effet du divorce, chacun des époux reprend l'usage exclusif de son nom.* »

ART. 3 — L'article 311 du code civil est complété ainsi qu'il suit :

« La séparation de corps emportera toujours la séparation de biens.

« *Le jugement qui prononce la séparation de corps ou un jugement postérieur peut interdire à la femme de porter le nom de son mari ou l'autoriser à ne pas le porter. Il peut-être également interdit au mari de joindre à son nom celui de sa femme,* »

ART. 4. — L'article 1449 du code civil est modifié ainsi qu'il suit :

« *Art. 1449.* — La femme séparée soit de corps et de biens, soit de biens seulement, en reprend la libre administration.

« Elle peut disposer de son mobilier et l'aliéner.

« Elle peut à son gré demander à son mari, ou demander directement au tribunal par requête, toutes les autorisations nécessaires pour ester en justice, pour l'aliénation de ses immeubles, ou de ses valeurs mobilières, pour toutes acquisitions, emplois ou remplois, et généralement pour toutes les mesures que ses intérêts peuvent exiger.

« Dans ces cas, la femme devra faire notifier copie de sa requête au mari avec mise en demeure d'intervenir si bon lui semble.

« Le mari fera connaître, par exploit signifié à la femme au domicile de l'avoué constitué dans la requête, son intention d'intervenir ; alors il sera donné suite à la procédure d'autorisation, conformément aux articles 861 et suivants du code de procédure civile.

« Huit jours après la signification de la requête, à défaut de notification de la part du mari, le tribunal statuera en chambre du conseil. »

ART. 5. — Les articles 876 et 878 du code de procédure civile sont modifiés ainsi qu'il suit :

Art. 876. — La requête sera répondue d'une ordonnance portant que les parties comparaîtront devant le président au jour qu'il indiquera. — Cette ordonnance statue, s'il y a lieu, sur la résidence de la femme et sur la garde des enfants, provisoirement et à la charge d'en référer en cas de difficultés. — Le président statuera également par la dite ordonnance sur la remise à la femme des effets à son usage journalier.

Art. 878. — Le président fera aux deux époux les représentations qu'il croira propres à opérer un rapprochement ; s'il ne peut y parvenir, il rendra en suite de la première ordonnance une seconde ordonnance portant qu'attendu qu'il n'a pu concilier les parties, il les renvoie à se pourvoir, sans citation préalable, au bureau de conciliation.

Si la première ordonnance n'a pas statué à l'égard de la résidence provisoire de la femme, de la garde de ses enfants et de la remise de ses effets à son usage particulier, le président y statuera à titre provisoire. — Sur le faitseul decette ordonnance, la femme sera autorisée à engager et à suivre toutes les procédures pour la conservation de ses droits, et à ester en justice jusqu'à la fin de l'instance et des opérations qui en seront la suite.

« Les demandes en pension ou en provision seront portées à l'audience. »

ART. 6. — Les dispositions contraires à la présente loi sont abrogées.

ART. 7. — La présente loi est applicable aux colonies où les dispositions du code civil ci-dessus visées sont en vigueur.

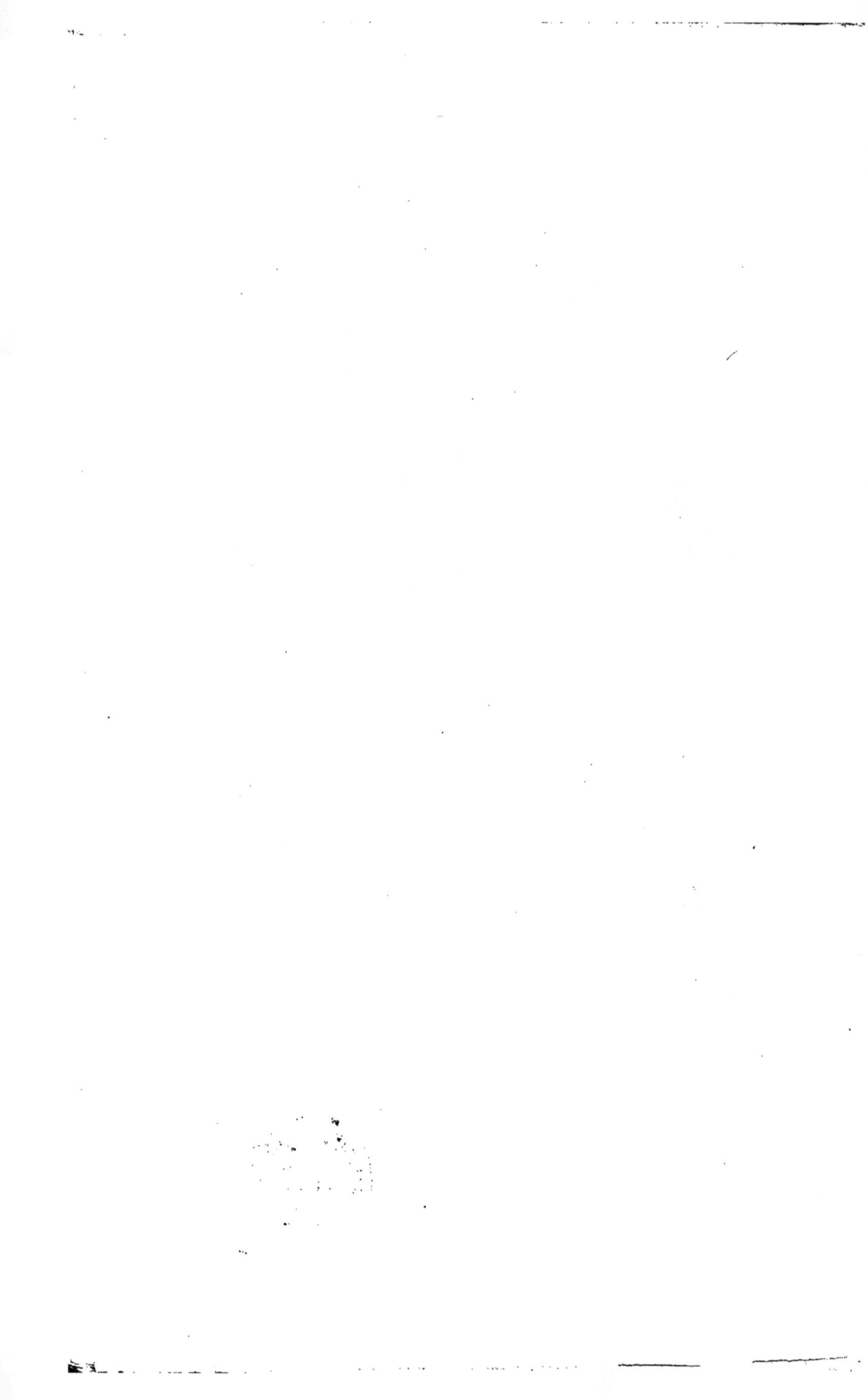

Le Divorce et les lois du 27 juillet 1884 et du
18 avril 1886, par G. POULLE, docteur en droit, avocat à la Cour d'appel de Poitiers.

—— — .

ERRATA

Page 8, *ligne* 26, *lire :* 1030, *au lieu de :* 1830.

Page 11, *ligne* 23, *lire :* au conjoint divorcé, *au lieu de :* aux époux divorcés.

Page 13, *ligne* 5, *lire :* purement, *au lieu de :* purnment.

Page 92, *ligne* 8, *lire :* au, *au lieu de :* en.

Page 126, *ligne* 21, *lire :* l'un des époux. *au lieu de :* l'une des épouses.

Page 130, *ligne* 13, *lire :* de la loi, *au lieu de :* de loi.

Page 141. *ligne* 18, *lire :* art. 234, § I, C. civ., *au lieu de :* art. 531, § 1.

Page 149, *ligne* 9, *lire :* doivent, *au lieu de :* peuvent.

Page 151, *ligne* 3, *lire :* inutiles, *au lieu de :* utiles.

Page 201, *ligne* 11, *lire :* au seul, *au lieu de :* un seul.

Page 201, *ligne* 12, *lire :* à la convers-, *au lieu de :* à la conven-.

Page 208, *lignes* 7, 8, 9, *lire :* personnels, sur la garde provisoire des enfants. — Dans la seconde ordonnance, il peut statuer en outre, s'il y a lieu, sur la demande d'aliments.

Page 216, *ligne* 25, *lire :* Toullier, *au lieu de :* Touiller.

Page 220, *ligne* 20, *lire :* Goirand, *au lieu de :* Goiraud.

Page 225, *ligne* 1, *lire :* 1866, *au lieu de :* 1886.

Page 225, *ligne* 28, *lire :* Puis, même en droit, il n'est pas etc...

Page 226, *ligne* 5, *lire :* mille; c'est sous, *au lieu de :* mille; et c'est sous.

Page 234, *ligne* 32, *lire :* Gazette, *au lieu de :* Journal.

Page 253, *ligne* 9, *lire :* découlait, *au lieu de :* déroulait.

Page 262, *ligne* 1, *lire :* des pays, *au lieu de :* les pays.

Page 263, *ligne* 9, *lire :* même non inscrit, *au lieu de :* malgré l'inscription.

Page 269, *ligne* 4, *lire :* adressés, *au lieu de :* adressées.

Page 276, *ligne* 12, *lire :* depuis, *au lieu de :* depus

Page 287, *ligne* 4, *lire :* différences, *au lieu de :* différentes.

PANDECTES FRANÇAISES

NOUVEAU RÉPERTOIRE

DE DOCTRINE, DE LÉGISLATION ET DE JURISPRUDENCE

RÉDIGÉ SOUS LA DIRECTION DE

M. RIVIÈRE
Conseiller à la Cour de cassation

PAR

M. ROBERT FREMONT
Rédacteur en chef, avocat à la Cour d'appel de Paris.

SOUS LE PATRONAGE ET AVEC LA COLLABORATION DE MM.

AUBÉPIN, président du Tribunal de première instance de la Seine.

AUBERTIN, conseiller à la Cour d'appel d'Aix.

CH. BAGNERIS, conseiller à la Cour d'appel de Paris.

BALLOT-BEAUPRÉ, conseiller à la Cour de cassation.

BANASTON, avocat général à la Cour d'appel de Paris.

BARBIER, premier président de la Cour de cassation.

BESSAT, premier président de la Cour d'appel d'Aix.

BUCHÈRE, conseiller à la Cour d'appel de Paris.

CHAUFTON, avocat au Conseil d'État et à la Cour de cassation.

COLMET DE SANTERRE, professeur à la Faculté de droit de Paris.

DAUPHIN, sénateur, premier président de la Cour d'appel d'Amiens.

DEVÈS, ancien garde des sceaux, sénateur,

DUBOIN, procureur général près la Cour d'appel de Grenoble.

DUFRAISSE, avocat à la Cour d'appel de Paris.

FABREGUETTES, premier président de la Cour d'appel de Toulouse.

FALATEUF (OSCAR), ancien bâtonnier de l'Ordre des avocats à la Cour d'appel de Paris.

FERAUD-GIRAUD, conseiller à la Cour de cassation.

FLAMAND, avocat à la Cour d'appel, rédacteur en chef du journal la Loi.

FOURCADE, premier président de la Cour d'appel de Lyon.

GARNIER, conseiller-maître à la Cour des comptes.

GUILLOUARD, professeur à la Faculté de droit de Caen.

HURTELOUP, conseiller à la Cour d'appel de Paris.

HOUYVET, premier président de la Cour d'appel de Caen.

HUGUES, conseiller à la Cour d'appel d'Alger.

LAINÉ, professeur agrégé à la Faculté de droit de Paris.

LANABÈRE, procureur général près la Cour d'appel de Chambéry.

LEFEBVRE, professeur à la Faculté de Paris.

MONTAUBIN, premier président de la Cour d'appel de Rouen.

MUTEAU, conseiller à la Cour d'appel de Paris.

PERIVIER, premier président de la Cour d'appel de Paris.

POUILLET, avocat à la Cour d'appel de Paris.

RENARD, président du Tribunal civil de Reims.

RUBEN DE COUDER, vice-président au Tribunal de première instance de la Seine.

SERRE, premier président de la Cour d'appel de Nancy.

E. VILLEY, professeur à la Faculté de droit de Caen.

MODE DE PUBLICATION

Les **Pandectes françaises** se publient en volumes de 800 pages in-4°.

Le premier volume vient de paraître ; il sera publié trois volumes par an.

Chaque volume est composé de quatre fascicules de chacun 200 pages.

Le prix du fascicule de 200 pages in-4° est de **sept francs**. Le volume complet comprendra 800 pages, et le prix en est fixé à **vingt-cinq francs**.

Mais pour les souscripteurs à la collection complète des PANDECTES, *le prix en est réduit à* **vingt francs** *le volume, payable un mois après la réception du quatrième et dernier fascicule de chaque volume.*

Paris. — Imp. E. CAPIOMONT et V. RENAULT, rue des Poitevins, 6.

www.ingramcontent.com/pod-product-compliance
Lightning Source LLC
Chambersburg PA
CBHW070755210326
41520CB00016B/4704